AF410908

SUITE

DES ENTRETIENS

SUR L'ÉTAT ACTUEL

DE L'OPÉRA DE PARIS,

OU

LETTRES A M. S....

Auteur de l'Extrait de cet Ouvrage dans le Mercure.

AVERTISSEMENT.

*L*ORSQUE *mes Entretiens parurent,* M. S.... *mit le plus grand empreſſement à retenir place pour en faire l'extrait dans le Mercure. Inſtruit qu'un de mes amis ſe diſpoſoit à en faire admettre un plus impartial que le ſien,* il employa tout ſon crédit *litté-* raire *pour parer ce coup; il alla même juſqu'à promettre que je n'aurois pas à me plaindre de lui, & que d'ailleurs la carrière me feroit ouverte dans le Mercure pour lui répondre. Quoiqu'il en ſoit, ſes deux Extraits parurent, & le Public ſait s'il y a tenu ſa promeſſe d'être honnête à mon égard. Après de légeres diffi-* cultés fondées ſur des plaintes adreſſées à point nommé à M. Panckouke, de l'ennui qu'a-voient cauſé les Extraits de M. S...., on admit ma réponſe à ſon premier Extrait, j'en corrigeai l'épreuve, & tout alloit bien juſques-là ; mais dans le moment où parut le Mercure, j'appris que M. Panckouke avoit fait de ſa main des retranchemens à ma Let-tre,* depuis l'épreuve corrigée, *ſans daigner m'en prévenir, ou me faire demander ſi je*

A 2

n'aimerois pas mieux la retirer que de la voir mutilée (ce qui étoit cependant assez juste) & qu'entr'autres choses, il avoit supprimé le post-scriptum où je promettois à M. S.... ma seconde réponse à ses diatribes, ce qui étoit m'annoncer assez nettement qu'il ne m'étoit pas aussi permis d'ennuyer le Public qu'à mon Adversaire. Je me suis vu forcé par-là à prendre la voie ordinaire de l'impression, & je m'y suis déterminé d'autant plus volontiers que cela me donnoit l'occasion de présenter au Public ma première Lettre, telle que je l'avois envoyée au Mercure. Je ne puis que louer les égards de M. Panckouke, pour les plaintes qu'on lui adresse ; mais il devoit prévoir la querelle qu'engageroient les Extraits de M. S.... En les refusant il m'eût épargné la peine de lui répondre ; l'attaque une fois admise, il ne pouvoit, sans injustice, se refuser à ma défense, & les motifs de personnalité qu'il a pu avoir en faveur de M. S.... ne le justifient pas assez.

RÉPONSE

AU PREMIER EXTRAIT

DE M. S....

Insérée dans le Mercure du 14 Août.

Lorsque je faisois mon ouvrage, Monsieur, j'étois loin de me flatter qu'il auroit l'honneur de vous fâcher ; mais ce n'est pas sans un petit retour de vanité que j'ai vu dans votre extrait la mauvaise humeur qui perce malgré vous à chaque ligne. Cette humeur & l'empressement que vous avez marqué de me répondre, l'affectation que vous avez mise à retenir d'avance place dans le Mercure, la crainte même que vous avez eue qu'un autre que vous n'y parlât le premier de mon ouvrage, tout cela ne s'accorde guères avec le mépris que vous me témoignez ; & vous ne sauriez croire, Monsieur, quel avantage votre conduite m'a donné dans l'esprit de bien des gens.

A 3

Vous me traitez *d'écrivailleur impertinent*, *d'Auteur obscur*, *inconnu*, *sans esprit*, *sans goût*, *sans politesse*, *d'agent d'une cabale aux abois*, *de pédant scolastique* : vous m'accusez (vaguément il est vrai) *de petits mensonges*, *d'assertions sans preuves*, &c. Et pourquoi toutes ces invectives? Parce que je ne pense pas comme vous en musique. Est-ce là, Monsieur, une leçon de *politesse* que vous prétendez me donner ? Vous conviendrez au moins que ce n'est pas répondre ; que le Public connoît trop bien l'infatigable défenseur de M. Gluck pour s'en rapporter entièrement à lui dans une pareille matière ; que votre ton n'est pas propre à ranimer sa confiance, & que vous n'aviez que deux moyens de justifier votre dédain pour ma brochure : le silence ou des raisons.

Mon ouvrage est divisé en deux parties très-distinctes : les principes sur le goût, sur l'imitation, sur l'effet théatral en musique, & les observations critiques que je déduis de ces principes. Vous l'avez bien senti, Monsieur; mais pourquoi n'avoir pas suivi cette division dans votre extrait ? pourquoi n'avoir parlé qu'en passant de ces principes, qui cependant sont très-essentiels, & font la base de l'ouvrage? Ou vous n'êtes pas de bonne foi, ou vous n'avez pas apperçu la liaison qui se trouve naturellement entre eux & mes observations. J'aime mieux croire que vous ne l'avez pas apperçue; j'aime mieux supposer que des choses qui ont paru claires à tout le monde, ont pu être obscures pour vous; & ce qui me détermine à le supposer, c'est ce titre de *pédant scolastique* que vous me donnez, qui, sans cela, ne signifieroit pas grand-chose. Quand, pour vous répondre, on s'est servi du langage des gens de lettres & des gens du monde, vous avez dit que ces termes vagues, & qui n'étoient pas ceux de l'Art, ne signifioient rien ; maintenant que j'emploie les termes de l'Art, mon style vous paroît *scolastique & pédantesque* : dites-moi, je vous prie, Monsieur, de quelle lahgue faut-il donc se servir avec vous pour parler musique, quand on a le malheur de n'être pas de votre avis ?

Je suis un *Auteur obscur & inconnu.* Hélas ! oui, Monsieur, je vis dans l'obscurité ; mais j'aurai peut-être un jour le bonheur d'en sortir. Il se fait, comme vous savez, en Littérature des fortunes si étonnantes. Vous avez sur moi l'avantage d'être dans un cercle d'hommes célèbres ; mais vous ont-ils communiqué le droit de me regarder de si haut ?

Tout vous a réussi : que Dieu voie & nous juge.

Je suis l'*agent d'une cabale aux abois.* Ah ! Monsieur, on ne vous croira pas. L'agent d'une cabale est un homme qui, livré tout entier au parti dont il est l'écho, ne parle d'autre chose dans les cafés, dans les sociétés, dans ses écrits ; qui, bornant à cet objet son existence littéraire & morale, usurpe dans tous les Journaux le droit exclusif de traiter cette matière ; qui voudroit, s'il le pouvoit, fermer la bouche à tous ceux qui ne partagent pas son fanatisme. Et moi, Auteur *obscur, inconnu,* comme vous le dites ;

moi qui, à l'inſçu de mes amis, de M. Piccinni, de tout le monde, ai écrit, ſans me fâcher, ma façon de penſer ſur un art qui fait mes délices; moi qui, avant la publication de mon ouvrage, ne connoiſſois pas un ſeul homme de lettres, moi qui ne veux oppoſer que la tranquillité, des raiſons & des preuves à toutes les clameurs de votre enthouſiaſme; moi, Monſieur, je ſerois l'*agent d'une cabale?* Mais y penſez-vous, quand vous accuſez de cabale les Amateurs de la muſique Italienne? Je lui connois à la vérité un grand nombre de partiſans, parmi leſquels je pourrois citer ce que la Littérature a de plus célèbre. S'ils font moins de bruit que vous, Monſieur, c'eſt qu'ils penſent que le meilleur moyen de vous réfuter, eſt d'inviter l'artiſte qu'ils admirent à travailler & à combattre le mauvais goût par de nouveaux chefs-d'œuvres. Mais appellerez-vous du nom de *cabale* le cri de l'Europe entière, qui rit de la manière dont vous marquez les rangs des compoſiteurs en muſique; & cette prétendue cabale ſeroit aux abois, Monſieur? Il faudroit pour cela qu'il n'exiſtât plus de Sacchini, de Piccinni, de Paëſiello, que leur école fût détruite, que la mémoire des Pergolèſe, des Durante, des Léo, des Jomelli, des Traëtta fût éteinte; que Haſſe & Boranello dans leur vieilleſſe euſſent eu le chagrin de voir leur muſique oubliée pour celle de M. Gluck; que ſur tant de ruines, toutes les nations qui aiment la muſique conſentiſſent à élever le trône de votre artiſte favori, & elles n'en ſont pas encore là. En attendant, que Paris

accorde plus ou moins de faveur aux *Drames criés*
de M. Gluck qu'aux *Opéras chantés* de M. Piccinni,
les partifans de celui-ci feront corps avec l'Italie,
l'Angleterre, l'Efpagne, la Ruffie, &c. Et vous
m'avouerez qu'il n'y a pas de quoi être confondus.

La feule de vos raifons qui ait quelque apparence
de folidité, c'eft la recette de l'Opéra; & quoique
la recette des *Amours de Montmartre, du Dindon
rôti, & des Battus payent l'amende* (1), foit auffi
fort bonne, je vous confeille de vous en tenir à cette
preuve du mérite de M. Gluck. Elle eft excellente
pour la multitude & pour le moment; mais comme
il y a eu dans tous les tems, & fur-tout à la naif-
fance des arts, de mauvais ouvrages qui ont eu de
la vogue, vous me permettrez d'aller plus loin, & de
ne pas m'en tenir au témoignage tant de fois vanté
du *Caiffier de l'Opéra.* Lorfque les admirateurs de
Théophile & de Jodelle (2) entendoient quelques
gens de bon fens parler avec peu d'eftime de leurs
Poëtes favoris, ils invoquoient auffi fans doute le
Caiffier de la Comédie. Scudéri difoit : *quand Corneille aura vu deux portiers étouffés à la porte de fon*

---

(1) On en donnoit l'autre jour la cent-huitième repréfentation.
(2) Ronfard difoit :
    Jodelle le premier, d'une plainte hardie :
    Françoifement chanta la grecque Tragédie :
    Puis en changeant de ton, chanta devant nos Rois,
    La jeune Comédie en langage François ;
    Et fi bien les fonna, que Sophocle & Ménandre,
    Tant fuffent-ils favans, y euffent pu apprendre.

ſpectacle , je lui permettrai de ſe comparer à moi. Corneille reſte , & qu'eſt devenu Scudéri ?

Vous comparez modeſtement M. Gluck à M. de Voltaire ; M. Gluck , dont la muſique eſt preſque par-tout rebutée, à M. de Voltaire qui , de l'aveu du monde entier , eſt l'un des plus grands poètes que la Nature ait produits depuis Homère juſqu'à nos jours. Vous comparez auſſi le goût des François en poéſie , goût formé depuis un ſiècle & demi par l'étude des plus grands modèles , au goût des François en muſique , tandis que , de leur aveu même , ils n'ont jamais eu de muſique; & ſur ces deux ſuppoſitions , qu'en muſique M. Gluck eſt égal à M. de Voltaire en poéſie , & que les François ont l'oreille auſſi exercée que les Italiens , vous raiſonnez ainſi : » l'Ecrivailleur qui diroit de Voltaire qu'il eſt un mau » vais Poète , ſeroit un impertinent; l'Ecrivain qui » dit de M. Gluck qu'il eſt un Muſicien médiocre , a » donc la même impertinence «.

Faiſons une ſuppoſition différente , & tranſportonsnous à ces tems dont je parlois tout-à-l'heure , où la multitude ne ſe connoiſſoit pas mieux en poéſie qu'elle ne ſe connoît aujourd'hui en muſique. L'homme qui auroit dit alors aux François : » Quand » votre oreille & votre goût auront été exercés par » l'étude des bons modèles , quand vous ſerez ha » bitués à entendre de la belle & bonne poéſie , vous » mépriſerez la bourſoufflure & la barbarie de Théo » phile & de Scudéri « , cet homme auroit-il dit une impertinençe ?

J'ai ofé dire ce qu'un grand nombre de connoiffeurs en France, & prefque toute l'Europe penfent comme moi, que tout homme qui auroit bien comparé les deux mufiques, n'héfiteroit pas un inftant fur le choix. Mon opinion, Monfieur, n'eft donc rien moins qu'un paradoxe. M. Gluck, à la vérité, peut fe prévaloir des applaudiffemens de Paris ; mais eft-ce fa mufique ou fon fpectacle qui entraîne ? Une action tragique, ferrée & rapide, ornée de tout l'acceffoire de la repréfentation, peut émouvoir avec une mauvaife mufique : celle du ballet de Médée eft médiocre, ce ballet n'eft qu'une pantomime ; & par la force du fpectacle, il a eu beaucoup de fuccès. Qu'à la pantomime on ajoute des paroles qui expliquent le détail de l'action, qu'on y entaffe des fituations & des tableaux pathétiques, & le fpectacle réuffira. Le grand nombre ne cherche pas à diftinguer l'effet de l'action d'avec celui de la mufique ; il lui fuffit d'être ému. Savez-vous, Monfieur, dans quels cas le muficien a toute fa gloire ? C'eft lorfque dans une action fimple, comme celle du premier Acte de Roland, il touche, il enchante, il ravit par le feul preftige de fa Mufique. Si M. Gluck, dans Echo & Narciffe, produit de femblables effets, alors fa gloire fera complette & fans nuage, & c'eft l'épreuve où je l'attends. Jufques-là je ne croirai pas qu'il foit décidé, même en France, qu'il eft un excellent Muficien, mais feulement qu'il a pris (1) un

---

(1) Il ne l'avoit pas encore pris en Italie ; & quoique dans ce pays, on lui ait toujours reproché une mélodie pauvre & une har-

genre qui se passe de bonne musique, & qui avec des cris, des plaintes & du mouvement, produit de l'effet sur un peuple qui ne demande pas mieux.

Vous attaquez mon style, Monsieur; vous supposez qu'un homme qui écrit mal n'est pas fait pour parler de musique. Il m'est échappé, je l'avoue, bien des négligences; mais des juges assez sévères ont trouvé dans ma façon d'écrire assez de clarté, de simplicité & de naturel, & m'ont félicité d'avoir évité l'emphase & le galimatias des panégyristes de M. Gluck. Je n'ai pas cherché à montrer de l'esprit. Quand j'y aurois tâché, je n'en aurois peut-être pas mieux fait. L'esprit ne sert quelquefois qu'à prouver aux autres ce qu'on ne croit pas soi-même. J'ai écrit sans prétention; & si j'ai choisi la forme du dialogue, c'est qu'elle m'a paru plus commode pour enchaîner les objections & les réponses. Mon Gluckiste, dites-vous, est un imbécille. Vous savez que depuis les *Provinciales* jusqu'à *la Soirée perdue* (& il y a loin de l'un à l'autre de ces deux exemples) l'usage est établi de faire un sot de celui des deux interlocuteurs qu'on destine à faire briller l'autre. J'ose assurer pourtant que dans

---

monie trop chargée & sans netteté, quoique son Orphée ne s'y soit soutenu, ainsi qu'à Londres, qu'à force de pastiches & de restaurations, je dois dire cependant que quelques morceaux de lui ont eu quelque succès. Il nous a apporté un talent épuisé, & n'ayant plus les moyens de faire du chant, il s'est réduit à faire de la déclamation. Cette ressource de l'impuissance a été érigée en système, & on veut nous donner ses foibles restes pour les chefs-d'œuvres d'un génie plus puissant que jamais. Mais qu'il parle lui-même, osera-t-il mettre son Iphigénie en Tauride au-dessus de son Orphée?

mon dialogue j'ai fait dire de bonne-foi par l'Avocat de M. Gluck, toutes les raisons passables que j'ai pu recueillir des propos & des écrits ampoulés de ses défenseurs. Ce n'est pas ma faute si le plus souvent elles sont frivoles ou ridicules. Qu'on en produise de meilleures, je ne les dissimulerai pas, Monsieur, mais je ne les trouve pas encore dans votre extrait. Avez-vous bien songé d'ailleurs à ce que vous disiez, quand vous avez avancé que mon Oronte *n'étoit pas un fin compère?* Montaigne dit quelque part : *je ne cite pas toujours les auteurs dont j'emprunte, pour tenir en bride la témérité des sentences hâtives : je veux qu'ils donnent une nasarde à Plutarque sur mon nez, & qu'ils s'échaudent à injurier Sénèque en moi.* Quand vous saurez qu'avant de commencer mon ouvrage, j'ai lu & relu les longues & célèbres lettres de l'*Anonyme de Vaugirard ;* quand vous aurez remarqué qu'Oronte dit tout ce qui se trouve de spécieux dans ces lettres, vous serez peut-être fâché d'avoir donné à ce pauvre *Anonyme* une *nasarde sur le nez* d'Oronte.

La ruse que vous employez pour dénigrer mon style, le rapprochement adroit que vous faites de plusieurs mots épars dans l'ouvrage, l'attention que vous avez eue d'indiquer les pages, tout cela étoit fort ingénieux autrefois, mais on y est trop accoutumé. J'avois prévu le mauvais effet que produiroient à l'oreille ces mots de *placage*, de *roide*, de *pauvre*, qui vous font tant de peine : j'ai fait l'impossible pour en changer ou en supprimer quelques-uns : le Vocabulaire ne m'en a pas fourni d'autres. J'écrivois à regret, mais enfin ,

Je ne puis rien nommer, si ce n'est par son nom.

Il est fort singulier, Monsieur, que vous n'employiez pour défendre le morceau *peuvent-ils ordonner qu'un père*, précisément que les mêmes raisons que je fais dire à cet Oronte, qui est *un si mauvais compère*. On ne vous croira pas , d'ailleurs, quand vous direz que le rhythme dactylique n'est pas dans l'air *peuvent-ils ordonner*, quand vous assurerez que cet air n'est pas sautillant , quand vous chercherez à justifier les dactyles d'Agamemnon par les dactyles d'un vers de Virgile qui exprime un sentiment rapide & impétueux. Si Virgile a employé des dactyles pour peindre la douleur, ce n'est qu'en les mêlant avec des spondées ; & réellement ce rhythme mixte est très-propre à exprimer l'abattement de la tristesse. comme dans ces vers ,

Qualis populeâ mærens philomela sub umbrâ
Amissos queritur fœtus , quos durus arator
Observans nido implumes detraxit ; at illa
Flet noctem , ramoque sedens , miserabile carmen
Integrat , & mœstis latè loca questibus implet.

Il n'emploie le dactyle fréquemment redoublé , que dans les mouvemens rapides ou légers de la pensée , du sentiment ou de l'image :

Vade , age , nate , voca zephiros & labere pennis.

D'ailleurs , Monsieur , entre les dactyles de Virgile & ceux de M. Gluck , il y a une petite différence dont vous ne faites pas semblant de vous appercevoir ; c'eſt que le plus ſouvent, dans Virgile, le daⱥyle terminé au milieu du mot, eſt ſoutenu par la ſyllabe ſuivante. Eſſayez de compoſer un vers latin ſans céſures, & dont chaque mot ſoit un dactyle, comme dans l'air de M. Gluck, vous verrez comme il ſera ſautillant.

Vous n'êtes pas heureux en comparaiſons, Monſieur. A propos du paſſage *il a tué ſa mère*, du chœur des Euménides, vous citez ce ſublime vers de Virgile :

Pallentes umbras erebi noctemque profundam.

Vous oubliez que le mérite de Virgile eſt d'avoir tout à-la-fois créé & le ſujet &. le coloris de ſon tableau, tandis que M. Gluck avoit ſon canevas, ſon deſſin même tracé dans le Poëme, & qu'il ne peut y avoir le même mérite à faire un beau vers ou à faire trois meſures d'harmonie ſombre. L'un eſt l'œuvre du génie ; & pour faire l'autre, il ſuffit d'avoir remarqué l'effet d'une ſeptième diminuée, ou d'une autre diſſonnance un peu dure. Si vous daigniez, Monſieur, étudier la muſique Italienne, vous apprendriez qu'il n'eſt ni difficile ni rare d'écrire des traits d'expreſſion paſſagers, que le mérite de l'art eſt de les encadrer dans un chant heureux dont les formes les faſſent reſſortir avec tout leur avantage ; vous ſauriez que le trait en queſtion n'eſt neuf ni par le chant, ni par l'harmonie ; vous conviendriez peut-être avec moi que ce n'eſt qu'une heureuſe application, & qu'il ne falloit tout au plus que de l'esprit pour cela. Il n'y a donc pas plus de rapport de M. Gluck à Virgile, que de M. Gluck à Voltaire; & quoiqu'on lui ait donné des éloges que Voltaire & Virgile n'ont jamais obtenus, un homme de sang froid n'entendra jamais sans rire nommer M. Gluck à côté de Virgile & de Voltaire.

Passons, Monsieur, à vos autres remarques sur mes critiques de détail.

Un menuet *usé* n'est point un menuet *connu :* pour qu'une musique puisse s'appeller *usée*, il suffit que le dessin n'en soit pas neuf, & que ses phrases n'offrent que des réminiscences, même vagues, de choses qui ont cent fois frappé l'oreille. Cela posé, je vous accorderai, si vous voulez, qu'il n'en est pas de ce menuet comme de l'air de bravoure de l'Orphée François, & comme de la marche des Prêtresses d'Alceste, qui sont visiblement pillés; mais en Musique comme en Littérature, un morceau peut n'avoir rien de neuf, quoiqu'il ne soit pas copié.

La dernière syllabe d'*infernale* est un *e* muet; je reproche à M. Gluck de l'avoir fait longue. Vous me demandez si elle est brève, je vous demande à mon tour de m'indiquer un *e* muet final qu'il soit permis de prolonger.

En parlant de l'air, *ô toi qui prolongeas mes jours*, vous me demandez comment il peut y avoir de la *monotonie*, puisque cet air n'est ni dans le même ton, ni dans le même mouvement qui précède. C'est, Monsieur, parce que le chant n'en est guères plus saillant que celui du récitatif; parce que l'orchestre

qui

qui l'anime, animoit déja ce récitatif, & que, par l'effet de cette teinte commune, il semble à peine que l'on change de ton & de mouvement.

J'avois promis, dans ma réponse à la lettre du Journal de Paris du 11 Juillet, de rendre compte de l'idée que je me suis faite du *rondeau*. La voici : Un *rondeau* dans l'acception commune, est un morceau composé de plusieurs *couplets*, dont le premier revient & forme le *refrein* après chacun des autres, comme dans les anciennes *rondes* de table, dont le *rondeau* a pris son nom. Mais ce qui, selon moi, constitue essentiellement le rondeau, ce n'est pas tant le nombre des *reprises* que le caractère même de chant du premier couplet, qui, toujours terminé par une cadence absolument parfaite & finale dans le mode principal, forme à lui seul un sens absolu, un tableau entier, qui pourroit se suffire à lui-même, & se passer des *couplets* suivans, de sorte que sans eux il formeroit un air simple comme celui d'une chanson ; mais on y joint un ou plusieurs couplets qui ramènent le premier, dès-lors c'est un *rondeau*, dont le *refrein*, plus ou moins répété, ne change pas la nature ; & cela est si vrai, qu'il n'est personne qui ne devine un morceau de ce genre dès qu'il entend la cadence finale du *refrein*, & avant même de savoir quel est le nombre des reprises. Si dans le *rondeau* de la Colonie, *dès ce soir l'hymen m'engage*, on supprimoit la seconde reprise, *que Bélinde étoit charmante*, le sens musical en seroit-il moins complet, moins terminé ? l'oreille en

B

feroit-elle moins fatisfaite ? regretteroit-elle cette reprife fupprimée ? En général le caractère d'un morceau de mufique dépend du rapport de fes parties,
& non de leur multiplicité accidentelle, & dont
l'oreille peut fe paffer. Mais quelle fera donc la
différence d'un *rondeau à une feule reprife*, & de
l'air périodique qui a auffi fon retour fur lui-même ?
La voici. *L'air périodique* eft ordinairement compofé
de deux parties très-diftinctes ; chacune de ces parties commence par le même trait de chant qu'on
appelle le *motif*. Mais bien différent du *refrein* du
rondeau, ce *motif* ne fe fuffit pas à lui-même ; il
ne fert, en quelque manière, qu'à affurer le mode ;
il n'a que le caractère d'un prélude, d'une idée qui
mérite confirmation, qui exige un développement,
& c'eft ce que les Italiens appellent très-énergique-
ment *far la prova*. Lorfqu'après plufieurs phrafes
acceffoires, on revient à ce *motif*, ou il reparoît
dans une autre modulation, comme à la *dominante*
dans les tons *majeurs* ; & à la *tierce* ou à la *fixte*
dans les tons *mineurs* ; ou s'il reparoît dans la même
modulation, on ne peut en détacher ni ce qui le
précède, ni ce qui le fuit, fans altérer le fens mu-
fical. Je crains bien, Monfieur, que ce langage ne
foit pas affez clair pour vous, mais les muficiens
m'entendront.

Pourquoi, Monfieur, en me faifant un crime de
n'attribuer l'illufion du ballet des Scythes qu'à *des
airs de Pont-Neuf mis en chœur, accompagnés de
crotales & de triangles*, avez-vous fupprimé le refte

fi effentiel de ma phrafe, *& fur-tout à l'art des No-verre & des d'Auberval ?* Auriez-vous fenti que l'éloge que je me fuis avifé de donner à notre habile Maître de ballets, n'étoit en fa faveur qu'une jufte revendication fur M. Gluck ? Croyez-vous diffimuler au Public que l'effet de ce tableau dépend *uniquement* des attitudes féroces & vraies que M. Noverre a prefcrites à fes danfeurs, & que fur l'air du monde le plus trivial, ce grand peintre a pu le former ?

Ne voyez-vous pas, Monfieur, que vous ôtez à vos louanges tout leur crédit & toute leur force lorfque vous donnez à la fcène première du fecond Acte le titre impofant de *chef-d'œuvre du génie & du goût ?* Gardez du moins ces exagérations pour la fcène du combat des deux amis, qui a un peu plus de titres pour exciter votre enthoufiafme. Je ne fuis au refte ni furpris ni fâché que vous traitiez d'*incompréhen-fibles* les reproches que je fais à cette fcène. Ce n'eft pas vous affurément que j'ai voulu perfuader.

Pour juftifier la fcène des Euménides, vous me citez le fpectacle des Grecs. Souvenez-vous, Monfieur, que leur amphithéâtre étoit immenfe, que l'action préfentée aux yeux de toute la Grèce affemblée, n'étoit vue que de loin, qu'il falloit la peindre à grands traits pour qu'elle fît fon impreffion. Mais qui vous a dit que fur ce théâtre même, ce que l'Iphigénie en Tauride nous préfente aujourd'hui de fi près, fût encore plus horrible & qu'on l'ait *adouci ?* Avez-vous vu dans Efchyle que le fpectre fanglant de Clytemneſtre fût préſent aux yeux des Spectateurs ; qu'Oreſte , entouré d'une multitude de furies, y exprimât ſes tourmens par des convulſions horribles ? Loin *d'adoucir*, Monſieur , on a tout exagéré ; on a accumulé les détails les plus affreux de la Tragédie des Euménides & de celle de l'Oreſte ; on a montré aux yeux ce qu'Eſchyle *dans l'enfance de l'art* n'offroit qu'à l'imagination , ce que ni Racine dans Andromaque , ni Latouche dans ſon Iphigénie , n'ont cru devoir rendre viſible ſur le théâtre de la Tragédie ; & ſi l'Opéra donne plus de licences , ce n'eſt pas , je crois , pour augmenter l'horreur des tableaux que ces licences lui ſont données.

Quant aux vers de Boileau que vous me citez , Monſieur , vous auriez dû en retrancher les mots d'un *pinceau délicat* & d'un *objet aimable* ; vous auriez dû voir que ces mots vous condamnent, & qu'ils me ſervent de réponſe. Celui qui montre Oreſte mugiſſant dans les convulſions de la rage ne ſe vantera pas ſans doute d'avoir employé un *pinceau délicat* pour en faire *un objet aimable*. ❧

J'ai appellé *duo* une phraſe de récitatif chantée à deux voix. Je ſais très-bien que ce n'eſt pas un *duo* dans toute l'étendue du terme , comme le *duo Vivez heureux loin d'elle* ; mais dans le ſtyle courant une phraſe à deux voix peut s'appeller *duo* pour la diſtinguer du récitatif à voix ſeule ; & cette petite chicane de votre part ne fait que prouver l'attention que vous avez donnée à mon ouvrage.

Sur les paroles, *Je pourrois du tyran... De celui*

de vous deux.... Dans Argos comme vous.... j'ai conſtamment obſervé pendant les ſix premières re- préſentations, auxquelles j'ai régulièrement aſſiſté, les retours oiſeux du même chant ; un trait de cette force m'avoit trop frappé pour n'y pas mettre toute mon attention, & j'écrivois mes remarques en marge du poëme à meſure que j'entendois les morceaux. Quant au chant des paroles, *jurez-moi qu'un billet,* je puis m'être trompé en le prenant pour du *récitatif :* & qui peut ſe douter qu'on ira mettre du chant là- deſſus ? J'en demande pardon à M. Gluck, mais ſes chants ſont en vérité ſi peu différens du récitatif, qu'on eſt bien excuſable de s'y méprendre. Vous m'aſ- ſurez qu'il n'y a rien qui reſſemble au mouvement *allegro* ſur les paroles, *mon ame ſe déchire.* A la bonne heure ; eh bien ! c'eſt *animé* que je devois dire, & cette différence ne vaut pas la peine de diſ- puter.

Le *que m'importe*, que Pline vous a prêté pour achever votre cenſure, eſt un peu fier, Monſieur ; mais ne pourrois-je pas le retourner, & vous dire en finiſſant : *cur hæc ? Quia viſus es mihi annotaſſe ut* ſublimia *quæ ego* tumida, *aut* audentia *quæ ego* impro. ba, *aut* plena *quæ ego* nimia vel egena *arbitrabar ?*

J'ai l'honneur d'être, &c.

Paris ce 1 *Août* 1779.

P. S. Je viens, Monſieur, de lire votre ſecond Extrait. Il mérite auſſi une réponſe, & j'eſpère avoir l'honneur de vous l'adreſſer.

B 3

RÉPONSE

A la Lettre de M. S...., inférée dans la Feuille du Journal de Paris, N°. 237.

(MM. les Rédacteurs de ce Journal ont refusé d'y inférer cette Réponse).

RIEN de plus honnête en apparence, Monſieur, que les complimens que vous avez la bonté de me faire ſur le ſtyle de ma réponſe. Vous êtes d'ordinaire ſi réſervé ſur les éloges, que ce changement de ton m'a d'abord étonné : *timui Danaos :* & en effet la douce illuſion que vous préſentiez à mon amour-propre s'eſt diſſipée bien vîte. Vous avez le ſoin de m'avertir des obligations que je puis avoir aux *amis* que j'ai *conſultés.* Quelques grandes que fûſſent ces obligations, il me conviendroit peu d'en rougir. De plus habiles que moi ont cherché dans le jugement de leurs amis à prévoir celui du public, & je puis ſans honte en faire autant. Quoiqu'il en ſoit, je puis vous aſſurer, Monſieur, que mes obligations à cet égard, ſont bien moindres que vous n'affectez de le penſer. Il n'eſt pas étonnant que vous ayez eu plus beau jeu pour me critiquer dans ma brochure que dans ma réponſe. Pouvez-vous exiger dans un ou-

(23)

vrage de 172 pages, souvent employées à des discus-
sions arides mais inévitables, un style aussi égal, aussi
soutenu que dans une lettre de 13 pages, faite avec
cette émulation que doit m'inspirer l'honneur d'être
en lice avec un homme tel que vous, & où j'avois
sur vous les avantages les plus propres à m'animer,
à donner à mon style ce ton pressant & rapide, *cette
clarté & cette évidence* qui ont pu m'attirer vos complimens ?

Nier que l'on ait dit des injures, c'est les rétracter :
& je prends vos désaveux pour ce qu'ils valent. Le
public d'ailleurs sait à quoi s'en tenir là-dessus. Quant
au reproche de *cabale*, vous ne devriez point quali-
fier de ce nom odieux les efforts par lesquels les vrais
amateurs cherchent à repousser le mauvais goût.
Des deux partis opposés, l'un cédera enfin ; & celui-
là aura été *la cabale* qui sera forcé de céder le premier. Je vous attends à trois ans d'ici.

Ne répondre à des raisons que par de simples dé-
négations, c'est exposer le public à une suite en-
nuyeuse de démentis réciproques. Puisque vous con-
noissez les noires & les croches, permis à vous d'é-
crire contre le rapport de vos yeux : mon *audace* ne
va pas jusques-là. Le mot *animé*, qui dans la parti-
tion gravée d'Iphigénie en Tauride marque le mouvement du morceau que j'ai censuré, répond à l'*Allegro* & presqu'au *vivace* des Italiens, & je n'ai point
pris du *gris* pour du *rouge*. Direz-vous que les airs
*Calchas d'un trait mortel percé, Dieux qui me pour-
suivez, C'est envain que l'Enfer* &c. sont d'un mou-

vement *gai?* ils font cependant d'un mouvement *allegro.*

J'ai dit en propres termes : (1) *fur les paroles* dans Argos comme vous, &c. *J'ai conftamment obfervé pendant les fix premières repréfentations auxquelles j'ai régulièrement affifté les retours oifeux du même chant,* & felon vous, Monfieur, je conviens que ces retours n'exiftent pas. Je n'ai rien à vous dire là-deffus, mais je doute que perfonne ait vu fans rire tant de mauvaife foi & de mal-adreffe : cela m'a fait rire moi-même.

Je n'ai pas demandé à M. Gluck de la *mufique intéreffante* fur des paroles qui *ne le foient pas ;* je lui ai demandé de la *bonne mufique* fur un *fujet fimple & fans mouvement,* & cela eft très-différent. Pour avoir raifon , vous avez pris la mauvaife habitude d'altérer les expreffions de vos adverfaires , ici vous ne le faites que pour amener une plaifanterie, & cela n'en vaut pas la peine.

Je répondrai ailleurs au refte de votre lettre ; pour ce moment , je me contenterai de vous obferver que les fuccès de M. Gluck ont été médiocres & peu nombreux en Italie ; que s'il en a eu en France , cela ne prouve aucunement que l'art foit porté à fa perfection parmi nous ; que les admirateurs de M. Gluck ne connoiffent pas mieux la grande mufique Italienne, que les admirateurs de Jodelle ne connoiffoient Sophocle & Ménandre ; que Duryer , Mairet , Scudéri,

---

(1) Voyez la lettre prédente , pages 10 & 11.

étoient contemporains & rivaux de Corneille, comme Pradon le fut depuis de Racine ; que Ronsard, admirateur de Jodelle, étoit pour son tems aussi habile poète que les artistes François, admirateurs de M. Gluck, sont pour le leur habiles musiciens ; & qu'en un mot, l'histoire de la vraie musique en France est absolument la même que le fut celle de la vraie tragédie. La parité ne peut être plus exacte.

J'ai l'honneur d'être, &c.

Paris ce 29 Août 1779.

RÉPONSE

Au second Extrait de M. S....

IL est très-commode, Monsieur, je le sais, de se donner l'air du mépris pour un ouvrage qu'on n'est pas en état d'attaquer sérieusement, & d'y jetter du ridicule quand on n'a pas de bonnes raisons à y opposer. Mais cette méthode si facile est quelquefois dangereuse. Quelqu'un a dit que, lorsqu'on avoit une maison de verre, il ne falloit pas jetter des pierres dans celle de son voisin. Vous vous *efforcez* de rire à mes dépens ; & vous ne vous appercevez pas que de tous les traits que vous me lancez, il n'y en a pas un que je ne puisse vous renvoyer. A quoi donc pensiez-vous ? Vous espériez peut-être que mon *audace* n'iroit pas jusqu'à vous répondre : malheureusement le ton que vous avez pris n'est guères propre à m'imposer silence ; il n'a servi, Monsieur, qu'à rendre ma tâche bien moins *fastidieuse* & beaucoup plus amusante que la vôtre, & je vous en remercie.

Vous me comparez au bouffon du Roi de Cocagne ; vous me faites dire comme à lui : *je règne.* Je prendrai de vous cette plaisanterie que vous avez prise de Voltaire, & j'en vais faire une autre application.

Il existe un homme qui, sans avoir aucune connoiſſance d'un art, s'en eſt rendu l'arbitre en France. Du haut du tribunal, qu'il s'eſt érigé, il s'arroge le droit d'y marquer les rangs ; il révoque les jugemens de l'Europe entière ; il prononce les ſiens ; il décide que tel artiſte eſt l'*homme de génie*, *l'homme créateur par excellence*, le *Neſtor de la muſique* ; que tel genre eſt le ſeul digne du théâtre, & que tout le reſte doit être dédaigneuſement renvoyé dans les concerts. Portant par-tout ce ton de mépris ſi facile à prendre, ſi difficile à ſoutenir, quand il n'eſt pas autoriſé d'une ſupériorité de lumières qui le juſtifie, s'il daigne s'occuper des connoiſſeurs de Naples, de Rome, de Londres, &c. & de cette partie du public de Paris qui oſe ne pas penſer comme lui : *ils ont*, dit-il, *je ne ſais quelles oreilles, ils n'ont ni ſentiment, ni eſprit, ni ame, en un mot pas même figure humaine*. Perſuadé qu'il eſt excluſivement l'Ariſtarque du goût, il s'empare de tous les journaux, ſe multiplie dans toutes les gazettes, ſans s'appercevoir qu'il excède le public de ſes jugemens, ou qu'il fait rire tous ceux qu'il n'a pas encore excédés. Cet homme exiſte, Monſieur ; & convenez qu'il reſſemble un peu plus que moi au bouffon du Roi de Cocagne, à Perrin-Dandin, en un mot à tous les originaux ridicules auxquels vous avez la bonté de me comparer. Mais revenons à moi : en quoi donc ſuis je ſi bouffon, je vous le demande ? Par un examen détaillé, appuyé ſur des principes dont vous n'avez pas même oſé rendre compte, j'ai entrepris de réduire à leur juſte valeur les ouvrages d'un artiſte,

& les éloges emphatiques & extravagans que lui ont prodigués ses enthousiastes ; j'ai tenté de *remettre à sa place* celui qu'ils ont élevé si haut, aux pieds duquel ils ont voulu mettre tous les autres compositeurs. Voilà ce que j'ai voulu faire, Monsieur, & je suis très-sûr qu'en vous-même, vous trouvez cela bien moins plaisant que vous n'affectez de le dire.

 Cette fureur de juger dans les Arts, dites-vous, *est la peste des Arts*, & *c'est la maladie de notre Nation, de notre siècle, de ce moment-ci*. Vous avez bien raison, Monsieur, & j'ai souvent fait la même réflexion en lisant vos nombreux écrits sur la musique. Mais est-ce moi qui l'ai mise à la mode cette manie dont vous vous plaignez ? N'est-il permis qu'à l'Anonyme de Vaugirard, à l'Auteur de la Soirée perdue &c. , de décider, de condamner ou d'absoudre ? Ai-je pris le ton de despotisme qui règne dans leurs écrits ? Et quand je les aurois imités en cela, est-ce à vous qu'il convient d'appeller *audace & impertinence* chez moi ce que vous approuvez chez eux ? Ah ! je le vois, mon seul tort est de n'être pas de votre avis. Mais vous savez, Monsieur, combien l'on a ri de cette femme qui disoit si naïvement : *je n'ai jamais trouvé que moi qui aie toujours raison.*

 Pour tourner en ridicule les éloges que je donne à M. Piccinni, vous me faites dire, & vous écrivez en italique ces mots, comme si vous les aviez transcrits : *chaque air de Roland est admirable, su-*

blime, *enchanteur*, &c. Ces éloges, que je crois avoir mis chacun à leur place, ne font ainfi accumulés dans aucun endroit de mon ouvrage, & cette méthode fi triviale de défigurer les paffages que l'on critique n'eft pas digne de vous. Vous pouviez donc vous difpenfer, Monfieur, de me faire dire qu'*il n'y avoit pas une feule beauté poffible. en mufique qui ne fe rencontrât dans Roland, au plus haut degré de perfection & fans la moindre petite tache*, puifqu'il n'y a pas un mot de cette *phrafe Gluckifte* dans tout mon ouvrage, puifque j'ai reconnu que le poëme de Roland n'étoit pas fufceptible de toutes les *beautés poffibles* d'expreffion muficale, & qu'un des mérites de M. Piccinni eft, felon moi, de ne jamais exagérer. Convenez-en, Monfieur, *avec des épithetes & de l'audace, on fe tire de tout :* mais pour me convaincre d'avoir extravagué dans mes éloges & d'avoir placé M. Piccinni *au-deffus des trônes & des dominations de la fphère muficale*, il auroit fallu citer *fidèlement* de moi quelques paffages femblables à celui-ci de la Soirée perdue : *M. le Chevalier Gluck n'eft ni de la première ni de la feconde claffe des compofiteurs, mais il occupe une place à part, & il y a peu d'apparence que beaucoup de muficiens viennent s'affeoir fur la même ligne.* C'eft-là, par exemple, ce qui a l'air du perfifflage, & ce qui eft fouverainement ridicule, fi on l'a écrit férieufement. Mais il s'en faut bien que j'aie parlé de M. Piccinni comme on a parlé tant de fois de M. Gluck. C'eft lorf qu'on donne à un muficien médiocre des éloges qu'on n'a jamais donnés aux plus beaux génies dans tous les arts, c'eſt alors qu'on paroît ſe moquer ou de lui, ou de la vérité, ou de ſoi-même.

On vous a dit, Monſieur, que j'étois un jeune homme, cela peut-être; en ce cas, je ne ſerai point un *Franc-aleu*, & c'eſt toujours un ridicule de moins. Je ne dirai pas comme lui & comme ceux qui lui reſ-ſemblent au moins dans leur goût pour les arts :

> Dans ma tête un beau jour ce talent ſe trouva,
> Et j'avois cinquante ans quand cela m'arriva. (1)

On vous a dit auſſi que je n'étois ni compoſiteur ni homme de lettres. *Homme de lettres*, non ſans doute, il faut des titres pour cela, & il ne ſuffit pas de ſe donner pour tel. *Compoſiteur*, je ne ſuis pas obligé de vous dire juſqu'à quel point j'ai porté mes études en muſique; mais j'eſpère que ſi nos diſcuſ-ſions continuent, le public pourra s'appercevoir que j'ai étudié cet art un peu plus long-tems & plus ſé-rieuſement que vous. M. l'Abbé Arnaud, que vous citez comme une autorité en muſique, n'eſt certai-nement pas compoſiteur : cependant j'ai oui dire qu'il en parloit d'un ton aſſez déciſif ; & ſi j'oſois me comparer à lui, je pourrois dire du moins qu'on n'aura pas à me reprocher cette *admiration extatique* où le jettent dans la muſique de M. Gluck *la diver-gence des notes, la force de l'anapeſte, & la fraîcheur d'un chœur virginal.*

---

(1) Je connois un amateur, grand Glukiſte, qui depuis la que-relle commencée, & apparemment pour ſe mettre en état de défenſe, a pris à 48 ans des leçons de muſique.

Vous vous appercevez de mon ignorance à l'*emploi faux ou vague* que je fais des termes de l'art. Comment favez-vous fi je parle mal une langue qui n'eft pas la vôtre ? On vous a dit que j'avois pris des *fuites de fixtes* pour des *fuites de quartes* , & on vous a trompé. On vous fait avouer que ces *quartes* exiftent comme *tierces* de la baffe ; cela eft très-fubtil , je l'avoue ; mais moi qui ne prends pas des *quartes* pour des *tierces* & à qui on ne fait pas entendre ce que je n'entends pas , je perfifte à dire que le paffage en queftion met mon oreille au fupplice , & j'en appelle à tous les muficiens de bonne foi.

Vous relevez dans mon ftyle une phrafe de province , & vous en concluez que je ne fuis pas homme de lettres. Sans vous prier de citer les *cent autres phrafes qui font de cette force* , ne pourrois-je pas faire auffi quelques raifonnemens qui prouveroient que pour être homme de lettres , il ne fuffit pas d'écrire quelques feuilles un peu plus correctement que moi ? J'ai demandé grace pour mon ftyle , & combien de prétendus beaux efprits auroient recours à l'indulgence , s'ils étoient auffi juftes & auffi fincères que moi ?

J'ai défini le chant : *l'art de plaire à l'oreille fans ceffer d'intéreffer le cœur ; l'art même de faire fervir le plaifir de l'oreille à l'intérêt du cœur ;* & vous m'accufez d'en donner une définition vague qui convient autant à la poéfie qu'à la mufique. Vous auriez dû remarquer d'abord , Monfieur , que le plaifir de l'oreille n'eft pas auffi directement , auffi effen-

tiellement l'objet de la poéfie que celui de la mufique : Corneille pour être moins mélodieux que
Racine, n'eft pas moins poëte que lui. Mais d'ailleurs, pourquoi deux arts qui ont tant de rapports
n'auroient-ils pas une définition à-peu-près commune ? La mufique n'eft-elle pas *la poéfie des fons ?*
Vous prétendez que des menuets ou des vaudevilles
peuvent être chantans fans intéreffer le cœur : &
pourquoi certains menuets & certains vaudevilles
plaifent-ils plus que d'autres ? C'eft parce qu'outre
le plaifir de l'oreille, ils préfentent quelqu'image,
quelque lueur de fentiment qui leur donne du caractère. Eft-ce dégrader l'art que de foumettre toutes
fes productions à ce beau principe qui faifoit dire
au célèbre Tartini, lorfque des virtuofes venoient
le confulter, & qu'ils mettoient moins d'ame que
de brillant dans leur exécution : *Vous m'amufez,*
vous m'étonnez, mais vous n'allez pas là (en met-
tant la main fur fon cœur ?)

Etes-vous bien de bonne-foi, Monfieur, quand
au fujet de ma définition du génie & à propos des
arts, vous rappellez le fyftême de Newton ? Que
diriez-vous d'un critique qui, en attaquant ce mot fi
vrai d'un Philofophe (1) que *les grandes penfées vien-*
nent du cœur, lui oppoferoit que la grande penfée de
la gravitation ou celle du calcul infinitéfimal ne venoient pas du cœur ? Quand j'ai avancé que le génie
n'étoit que *la fenfibilité agiffante,* j'ai voulu parler

______

(1) M. de Vauvenargues.

du

du génie en musique, en poésie, en éloquence, en peinture même, en un mot dans tous les arts qui intéressent le sentiment, & je ne sais comment vous avez pu me faire une si mauvaise chicane.

Vous demandez *comment un jeune homme a pu composer un livre de près de deux cent pages sur une matière qu'il entend si peu.* Et comment avez vous pu, Monsieur, écrire tant de pages sur cette matière que vous entendez encore moins ? Comment avez-vous pu depuis plusieurs années inonder les journaux de vos feuilles éloquentes sur la musique ? comment avez-vous pu tout nouvellement encore écrire vingt-cinq grandes pages sur un ouvrage où, selon vous, *il n'y a pas un mot qui mérite d'être cité ?* Quand vous donnerez votre premier ouvrage, je pourrai dire aussi, si j'ai de l'humeur contre vous, qu'il n'y a pas un mot qui mérite d'être cité ; mais cela ne prouvera pas plus dans ma bouche que dans la vôtre.

Je reproche aux Italiens d'avoir donné trop de faveur aux airs de bravoure, à ce sujet, je fais dire à mon *compère : Il est étonnant qu'avec des chefs-d'œuvres tels que ceux qu'ils possèdent, les Italiens soient si peu connoisseurs en musique,* & le compère qui n'est pas tout-à-fait corrigé de ses *expressions gluckistes,* ajoute : *ils ne méritent pas d'avoir des hommes de talent.* A quoi Eraste répond : *Que voulez-vous ? ils en sont venus à admirer non ces chefs d'œu-vres, mais le soprano ou la prima donna qui les chante, & qui pour se faire admirer encore plus, ose souvent les dénaturer.* Rien n'est plus vrai, Monsieur,

C

& vous le favez bien : mais y a-t il de la bonne foi à ifoler ainfi un paffage pour en faire un reproche à celui dont on partage foi-même les opinions ?

Il n'y a guères de modeftie, dites-vous, *à attaquer le goût de toute l'Europe à la fois*. Eh ! qui de nous deux l'attaque ? Eft-ce moi en défendant la mufique Italienne, ou M. S.... en excluant du théâtre une mufique applaudie fur tous les théâtres de l'Europe, & en lui préférant celle qu'aucune autre nation que les François ne veut entendre ?

Il n'y a, ajoutez-vous, *ni juftice ni honnêteté à ac-cufer un grand artifte de plagiat, fans en donner la preuve*. Je l'ai donnée cette preuve, vous pouvez la voir, Monfieur, dans le Journal de Paris du 16 Juillet ; & ce n'eft pas par une allégation vaine & par des dates imaginaires qu'on réfute un fait auffi bien conftaté. Quant au paffage d'Alcefte, je n'ai point dit qu'il fût pris de l'air *Se cerca, fe dice* : je dis feule-ment qu'il s'y trouve ainfi que dans Jomelli & bien d'autres compofiteurs, que c'eft un paffage connu & toléré en Italie, & tout cela fignifie feulement que ce paffage qui n'a étonné que ceux qui ne connoif-foient pas d'autre mufique que celle de M. Gluck, n'eft pas de fon invention & appartient à tout le monde.

A propos de ces nouveautés, qui ne font telles qu'aux yeux de l'ignorance, j'ai oui conter une anec-dote qui trouve ici fon application. L'opéra bouffon de l'*Amore arteggiano* parut en Allemagne avec un tel fuccès, que le nom de l'auteur vola en un inftant par toute l'Italie. Empreſſés de l'entendre, les Romains l'appellèrent. Il vint, on joua ſon opéra qui fut accueilli du plus morne ſilence : le lendemain, il parut dans Rome une liſte exacte des morceaux pillés de l'*Amore arteggiano*, avec des indications poſitives de tous les opéras où le compoſiteur les avoit pris. Cet exemple nous prouve, Monſieur, qu'il eſt auſſi dangereux pour certains compoſiteurs de rencontrer des oreilles exercées, qu'il eſt peut-être commode d'avoir affaire à des oreilles neuves, & qui, ſans avoir jamais rien entendu, ont la bonne foi de reconnoître dans la muſique qu'ils admirent *toutes les richeſſes anciennes & modernes de la mélodie.*

Je ne m'étendrai pas davantage ſur cet objet, il eſt trop délicat. Je n'apprendrois rien à ceux qui ſavent à quoi s'en tenir, & je ferois trop de peine à ceux que j'inſtruirois. Je vous demanderai ſeulement ſi en Allemagne même, on place cet homme qui, ſelon vous, *réunit tant de mérites*, à côté des Back, des Haſſe & des Handel. Je ne parlerai donc point ici des petites mortifications que M. Gluck a eſſuyées en Italie. Parmi les amateurs qui ont voyagé dans ce pays, s'il en eſt qui les ignorent, c'eſt qu'ils n'ont pas même entendu parler de cet homme ſi célèbre. D'ailleurs, Monſieur, vous avez ici ſur moi un grand avantage. Vous ne courez aucun riſque de parer votre chimère des plus belles couleurs : ce n'eſt pas par des fauſſetés ou des exagérations flatteuſes qu'on peut ſe nuire à ſoi-même ; au lieu que je ne puis détruire les préjugés que vous cherchez à

établir que par des faits désagréables à rappeller , &
sur lesquels, tout vrais qu'ils sont , je me fais un
scrupule de trop appuyer , parce qu'ils m'entraîne-
roient hors des bornes de la modération que je me
suis prescrite. Il en est un seul que je puis citer ;
mais il suffit pour mettre le public en état de juger
vos assertions , & d'apprécier la gloire prétendue
que M. Gluck s'est acquise en Italie.

Dans ce pays, vous le savez, si l'on ne répète pas
deux saisons de suite le même opéra, c'est pour ne
pas étouffer les talens naissans , en les empêchant
de se produire. Mais ces beaux récitatifs obligés, ces
airs touchans ou terribles dont les opéras des grands-
maîtres sont pleins, en disparoissant du théâtre, ne
tombent pas pour cela dans l'oubli : ils restent dans
les porte - feuilles des amateurs & forment l'aliment
principal des concerts. C'est là que les oreilles d'un
peuple sensible vont se nourrir des airs *Se per me tu
serbi in seno* de Galuppi, *Se cerca, se dice, Che mora
tiranno*, de Sacchini, *Se il ciel mi divide, Dovè s'af-
fretti* de Piccinni &c. &c. , & de tous ces morceaux
que vous regardez comme indignes de la scène lyrique,
que vous avez la mauvaise foi & la maladresse de
nous donner comme proscrits par vos passages du
P. Martini, de Métastase, d'Eximeno, de Conti &
de Beccaria qui tous avoient trop de goût & trop
d'ame pour méconnoître le sublime de la musique
Italienne , & qui n'ont jamais prétendu condamner
que les abus inséparables du luxe & de l'empire ab-
surde des chanteurs. Il n'en est pas moins vrai , Mon-

fieur, que parmi ces airs d'expreffion que vous exilez
de la fcène, on ne conferve en Italie dans les concerts que ceux qui ont réuffi au théâtre, & que fi
on leur affocie ces airs de bravoure que vous nous
donnez pour l'effence & le fond de la mufique
Italienne, on ne confidère ceux-ci que comme des
morceaux de mufique inftrumentale, deftinés à faire
variété ou à éprouver le talent des chanteurs. Or,
parmi plus de deux mille airs pathétiques qui fe
chantent dans les concerts d'Italie, combien en cite-
rez-vous de M. Gluck ? Deux ou trois tout au plus
furnagent à l'oubli dans lequel fes opéras Italiens
font tombés, tandis que l'Italie répète fans ceffe les
nombreux chefs-d'œuvres des Pergolèfe, des Léo, des
Vinci, des Perez, des Haffe, des Jomelli, des Galuppi, & (ne vous en déplaife) des Piccinni, des
Sacchini, des Traëtta, des Paëfiello & des Back (1).

Vous nous citez vos partifans, & vous les donnez
pour des oracles. MM. Arnaud & de Chabanon font
bien faits pour avoir leur avis, mais ils ne prétendent
fûrement ni l'un ni l'autre faire autorité. S'il ne falloit
que des témoignages, je pourrois nommer de mon
côté, en gens de lettres, ce que notre Littérature a

______

(1) M. Gluck, nous dit-on, a joui pendant 20 ans de cette
gloire fi pure, & s'en eft dégoûté ; que M. S.... daigne au moins
compâtir à l'incrédulité de ceux qui le lifent. S'il a joui de cette
gloire, où en font les monumens, où font ces morceaux fublimes
qui, en Italie, l'ont fait mettre au rang des grands-maîtres ? M. S....
fouffrira-t-il tranquillement, & fans y répondre, le défi formel que
je lui fais de les produire ? S'il les montre je me tais, & s'il ne les
montre pas il fu couvre de ridicule.

C 3

de plus célèbre, en artiftes ceux que diftinguent davantage la délicateffe & la sûreté de leur goût. Vous citez
Rouffeau : j'ignore s'il s'eft expliqué fur la querelle
préfente : il eft mort, & on peut lui faire dire ce qu'on
veut ; mais lifez fon Dictionnaire (1) qu'il n'a jamais
rétracté, & que l'on peut regarder plus que toute
autre chofe comme fa profeffion de foi en mufique.
Vous y verrez M. Gluck condamné d'avance à chaque page, & les abus même de la mufique Italienne
excufés. Voyez entr'autres les articles *air, compofi-*
teur, deffein, expreffion, goût, récitatif, roulade &c.
&c. Parmi les Artiftes que vous nommez, je ne parlerai que de M. Cambini. Qu'eft devenu cet empreffe-
ment qu'il avoit jadis à fe faire paffer pour l'élève de
M. Piccinni, & pourquoi depuis l'arrivée de fon
prétendu maître en France, s'eft-il jetté dans le parti
contraire ? Je le fais bien, pourquoi ; mais ce n'eft
pas la peine de m'expliquer plus clairement.

Oui, Monfieur, les partifans de M. Gluck, du

---

(1) J'ai relu avec foin tout ce Dictionnaire : le feul article où il
foit queftion de M. Gluck, eft l'article *ftyle*, fa brièveté me permet
de le tranfcrire en grande partie. » (*Style*), caractère diftinctif de
compofition ou d'exécution. Ce caractère varie beaucoup felon les
pays, le goût des peuples, le génie des auteurs, felon les matières,
les lieux, les tems, les fujets, les expreffions, &c.
On dit en France le *ftyle* de Lulli, de Rameau, de Mondon-
ville, &c. En Allemagne on dit le *ftyle* de Haffe, de Gluck, de
Graun. En Italie on dit le *ftyle* de Leo, de Pergolèfe, de Jomelli, de Boranello..... Le *ftyle* des compofitions Allemandes eft coupé,
fautillant, mais harmonieux ; le *ftyle* des compofitions Françoifes eft
fade, plat ou dur, mal cadencé, monotone ; celui des compofitions
Italiennes eft *fleuri, piquant, énergique*.... «.

moins ceux dont j'ai voulu parler (car il en eſt d'hon-
nêtes qui rougiſſent des excès de leurs confrères)
forment *une cabale furieuſe, un parti fougueux qui
s'abandonne à l'enthouſiaſme le plus intolérant, qui
emploie la perſécution, qui a ſes deſpotes, ſes inquiſi-
teurs.* Ils ont dit contre M. Piccinni, contre Roland,
contre tous les grands maîtres d'Italie, contre cette
nation même tout ce qu'ils ont pu dire ſans man-
quer tout à fait à la pudeur. Ils ſe ſont emparés de
tous les journaux, & je n'ai peut-être dû qu'au reproche que j'ai oſé leur en faire, la permiſſion *ſi li-
mitée* que j'ai eue de repouſſer leurs inſultes. Sans ce
fanatiſme perſécuteur qui ôte toute liberté aux opinions qui contrarient les vôtres, mon ouvrage n'exiſ-
teroit pas. Pour vous combattre, Monſieur, il a fallu
vous tirer d'un champ-clos dont vous vous étiez rendu
le maître, & où vous n'admettiez que ceux dont vous
mépriſiez les attaques. Je puis vous dire tout cela,
puiſque vous vous êtes reconnu dans mon ouvrage,
je puis vous faire obſerver auſſi que je vous y ai traité
bien plus honnêtement que vous ne me traitez
vous même. *Bella, horrida bella!* dites-vous. Eh !
Monſieur, ce ſont les Gluckiſtes eux-mêmes qui en
ſont cauſe. Ce ſont deux ou trois déclamateurs qui,
n'ayant apparemment rien de mieux à faire, ont
quitté leur cabinet pour deſcendre dans l'arêne, c'eſt
l'intérêt que le public a daigné prendre à leurs fades
plaiſanteries ou à leurs ennuyeuſes & vuides diſſerta-
tions qui ont donné de l'importance à cette querelle.

Je l'avois dit avant vous, Monſieur, ces querelles

ne font point indifférentes aux progrès d'un art charmant & peu connu, mais du moins qu'elles foient modérées, & que le champ foit libre. Il feroit à fouhaiter qu'il exiftât un journal neutre, & particulièrement deftiné aux difcuffions qui nous divifent. On ne courroit pas le rifque de rebuter ceux qu'elles n'intéreffent pas, & *l'ennui* qu'auroit caufé à fes lecteurs celui qui auroit parlé le premier *ne ferviroit plus de prétexte* pour fermer la bouche à fes adverfaires. Ce journal auroit encore un avantage : l'intérêt que le public y prendroit feroit la mefure du progrès que le goût de la mufique feroit parmi nous.

J'ai répondu, Monfieur, à vos deux extraits. Peut-être m'en fuis je affez bien acquitté pour vous faire repentir d'avoir fi mal défendu votre caufe, car vous lui avez fait plus de tort que de bien. Mais auffi pourquoi vous permettre en me réfutant les tours les plus ufés de la mauvaife critique ? Eluder les queftions principales, faire des fophifmes, s'amufer à de petits détails, à des chicanes fur des mots, à des défaveux minutieux & ridicules, tout cela peut réuffir dans des difputes de café, mais les écrits fubiffent un examen plus réfléchi. Eh ! quoi, Monfieur, on oppofe à toutes vos lettres, à toutes vos annonces, à tous vos extraits un ouvrage où l'on prouve : *que l'imitation dans les arts ne doit pas être fervile; qu'elle tient à des moyens autres que ceux de la nature : que dans la mufique, par exemple, le chant qui en eft la partie conftitutive a fes procédés, fes formes, fes règles particulières : que pour peindre avec des fons, il ne fuffit pas de cou-*

dre bout à bout, sans dessein & sans nuances, quelques
traits d'expression passagers & incohérens; qu'il faut
les encadrer dans une forme qui les fasse valoir : que
les effets de la musique demandent à être gradués ; que
ces passages subits, ces changemens brusques de mode,
de style, de rythme que vous admirez dans la musique de M. Gluck, ne sont aux yeux des connoisseurs
que l'art de détruire un effet par un autre : que la pé-
riode Italienne est la forme la plus propre à développer
per & à communiquer un sentiment principal sur lequel
l'artiste a besoin d'arrêter l'ame de ceux qui l'écoutent :
qu'au théâtre c'est la voix qui doit dominer & non
l'orchestre ; que celui-ci ne doit servir qu'au coloris &
au clair-obscur ; que M. Gluck, par l'influence trop
soutenue qu'il lui donne, se refuse une ressource contre
la monotonie, & efface les effets principaux par cette
teinte générale : que des chants mesurés & accompagnés sans fin sont aussi monotones, aussi ennuieux que
les longs récitatifs des opéras Italiens ; que ce n'est
que par le mélange heureux des diverses formes musi-
cales que l'artiste se rend maître de ses effets, & peut
les distribuer où il en a besoin : que M. Gluck n'est
point créateur de cette forme plus avantageuse qui distin-
gue ses opéras de ceux d'Italie ; qu'il l'a prise dans nos
opéras François, & qu'il n'a fait que profiter des
dépouilles de notre ancienne musique : que des succès
obtenus chez une nation qui n'a jamais eu de bonne
musique, ne peuvent servir de prétexte pour exclure un
meilleur genre ; que nous ne sommes pas encore en
état de faire une comparaison juste, & que notre ju-

gement ne sauroit prévaloir sur celui de l'Europe entière ; que la musique Italienne a des abus, mais que ces abus ne l'empêchent pas d'être la musique la plus agréable & la plus expressive que l'on puisse entendre ; qu'il est facile d'ailleurs de la corriger de ces défauts, puisqu'ils ne tiennent qu'à la forme des poëmes & à l'indiscipline des chanteurs : que l'effet des opéras de M. Gluck dépend plutôt des sujets intéressans qu'il a choisis, que de la nature même de sa musique &c. &c. &c. Vous faites l'extrait de cet ouvrage, & sans daigner parler de toutes ces assertions, qu'il étoit peut-être assez intéressant d'examiner, vous vous amusez à me soutenir que j'ai vu des *dactyles* où il n'y en avoit pas ; que j'ai pris du *chant* pour du *récitatif*, du *génie* pour de l'*esprit* ; un *andante* pour un *allegro*, une *sixte* pour une *quarte*, &c. Quelques frivoles & peu fondées que soient ces chicanes, vous en restez-là, sans vous appercevoir que vos partisans eux-mêmes s'étonnent de votre silence sur des attaques bien plus importantes. Il est encore tems de réparer votre faute, Monsieur, & je vous y invite. Quand il vous plaira nous examinerons plus à fond les objets de notre dispute : en attendant, & pour vous aider à rassembler vos idées, voici quelques observations sur votre prétendu système.

Depuis que vous vous mêlez d'écrire sur la musique, la seule de vos assertions qui mérite un examen sérieux est celle-ci : que la musique Italienne est plus propre au concert qu'au théâtre, & que le chant Italien, c'est-à-dire celui dont l'effet consiste dans

l'expreſſion & non dans le bruit eſt de la petite muſique : c'eſt ce que je vais examiner.

Je commence par avouer que dans tous les concerts de l'Europe , ſans même en excepter Paris , on
ne trouve ſur les pupitres que des morceaux de muſique Italienne , tandis que la muſique *dramatique* de
M. Gluck n'eſt ſoufferte que ſur la ſcène & ſur le
théâtre ſeul de Paris. Mais pourquoi voulez-vous ,
Monſieur, que cette expreſſion , cette énergie toujours
unie aux graces que l'on ne peut ſe laſſer d'admirer
dans les airs Italiens , diſparoiſſent & s'effacent lorſ-
qu'elles ſeront aidées de l'illuſion de la ſcène & du
mouvement de l'action ? Il ſeroit abſurde de préten-
dre que deux moyens d'illuſion & de plaiſir réunis
euſſent moins d'effet qu'un ſeul, & il eſt très-natu-
rel au contraire de penſer que l'effet que l'on attri-
bue à une muſique qui n'exprime ou ne plaît qu'au
théâtre eſt étranger à cette muſique , & qu'il dépend
ſur-tout du jeu des acteurs , de la magie du ſpectacle & de l'intérêt des ſituations. Si la muſique Italienne étoit propre excluſivement au concert , elle ne
ſeroit bonne que là & perdroit de ſon effet ſur la
ſcène. Or, tranſportez au concert les beaux morceaux d'expreſſion de Leo , de Pergoleſe , de Galuppi , de Sacchini , &c. ; j'oſe aſſurer qu'ils ne feront
pas le même effet qu'au théâtre , qu'ils n'en feront même qu'autant que l'imagination ſuppléera au défaut de
la ſituation & de l'action ; qu'en un mot s'ils y per-
dent peu de leurs graces , l'expreſſion du moins en
ſera infiniment affoiblie. Tranſportez au concert les

airs fimples & tendres du premier acte de Roland ;
(je ne parle pas de l'air *Que me veux-tu*, & de ceux
du fecond & du troifième acte, cela feroit trop ma-
nifefte) feront ils un plaifir égal à celui qu'ils ont
fait au théâtre, & le plaifir même qu'ils feront au
concert ne fera-t-il pas en raifon de celui qu'ils auront déja fait fur la fcène ? J'en appelle à tout homme de bonne foi.

Vous prétendez encore que les airs Italiens rallen-
tiffent & refroidiffent la marche de l'action ; en effet
dans l'opéra Italien la négligence avec laquelle les
poètes & les muficiens ont travaillé mérite fouvent
ce reproche. Mais obfervez, Monfieur, que c'eft
fur-tout au poète qu'il faut s'en prendre, & que,
fi l'air eft placé à propos, s'il n'eft que l'expreffion
plus faillante & plus vive du fentiment qui naît de
la fituation, bien loin de l'affoiblir, il donnera
lui-même à l'action un mouvement, une chaleur
& un intérêt qu'elle n'auroit pas eus fans lui. Vous
avez auffi regardé en général comme un abus les répétitions des mêmes paroles ; c'en eft un quelquefois, mais cela n'arrive pas toujours. La nature elle-
même répète dans la paffion ; & quant à l'ufage que
peut faire un artifte habile de cette indication donnée
par la nature, voyez les beaux airs Italiens (1). Vous
y reconnoîtrez que pas une des répétitions n'y eft

____

(1) On fera convaincu de la néceffité & même de l'avantage des
répétitions de la mufique Italienne, pour peu que l'on ait médité
l'*Effai fur l'union de la poéfie & de la mufique*, ouvrage rempli de vues
fines, faines & vraies.

oiſeuſe, que chacune donne au ſentiment une énergie, une couleur différente, que chacune le préſente
ſous une face nouvelle qui le développe & en complette l'expreſſion. Je ne vous en citerai qu'un exemple, Monſieur, c'eſt l'air de M. Piccinni *Dov'è s'af-
fretti per me la morte*; écoutez attentivement les répétitions de ces mots : *perchè tradir mi ſpoſo infedele,*
& de ceux *lo credo appena*, & voyez s'il y en a une
ſeule qui n'ajoute au pathétique de cè tableau ; celle
qui précède ſemble épuiſer l'expreſſion du ſentiment,
celle qui ſuit y ajoute encore. Les répétitions oiſeuſes
& importunes ſont celles qui ne diſent rien par elle-
mêmes d'intéreſſant ou de nouveau pour l'oreille &
pour l'ame : de celles-là, Monſieur, vous en trouve-
rez ſans nombre dans les opéras de M. Gluck, &
beaucoup moins, j'oſe vous l'aſſurer, dans la muſique Italienne.

Vous avez déja dit & vous direz encore ſans doute
que cette muſique Italienne eſt de la *petite muſique,*
vous me parlerez de *muſique ſavante*, de *grande muſique* : eh ! Monſieur, la *grandeur* de la muſique n'eſt
pas en raiſon du bruit qu'elle fait ; & je n'en connois
que deux eſpèces, là bonne & la mauvaiſe. Appellerez-vous *grande peinture* les batailles d'Alexandre, &
petite peinture la Vénus du Titien ou la Danaé du
Corrège ? Appellerez vous *grand ſculpteur* celui qui
fit le Moïſe, & *petit ſculpteur* celui qui fit la Flore
ou la Daphné ?

La *muſique ſavante* eſt celle où il y a pluſieurs parties obligées, où ces parties ont des mouvemens

renverſés , des motifs différens & oppoſés dont l'enſemble eſt néanmoins un & ſimple ; dès-lors la muſique de théâtre la plus ſavante que je connoiſſe eſt ſans contredit celle des *Bouffons* : ouvrez-en les partitions , étudiez ces belles finales ſi variées , ſi pleines d'effet , de travail , d'harmonie , & vous vous inſtruirez de cette vérité reconnue par tous les artiſtes. Ce ſeroit plutôt aux opéras de M. Gluck que cette dénomination de *muſique ſavante* ſembleroit devoir être refuſée. Les adieux d'Iphigénie ne ſont qu'une ſimple cavatine , les plus beaux morceaux d'Orphée ne ſont que des rondeaux du ſtyle de la muſique Italienne la moins recherchée , l'opéra d'Armide eſt plein de chanſonnettes , & quand M. Gluck abandonne ces modulations ſi dures , ces fracas embrouillés d'Orcheſtre , ces cris dont il fatigue la poitrine de nos actrices & les oreilles ſenſibles , il ne fait plus que de la petite muſique.

Réfutez , Monſieur , de pareilles aſſertions ; elles ſont aſſez intéreſſantes pour votre cauſe & pour la mienne ; mais ſoyez ſûr que ce n'eſt ni par des ſophiſmes ni par de vaines déclamations que vous arrêterez les triomphes d'un genre qui régnera tôt ou tard dans le ſeul pays de l'Europe qui lui reſte à conquérir. Si dans tous les tems la nation Françoiſe a été la dernière à accueillir les arts , ou a produit des hommes jaloux d'en empêcher les progrès , elle a toujours fini par s'inſtruire & par perfectionner le genre même de beautés qu'elle avoit d'abord méconnues. Mais lorſque le public ſera revenu des préjugés que vous avez voulu lui inspirer , lorsque les chefs-d'œuvres de l'art auront effacé de son souvenir, ce qui n'en étoit encore que l'informe ébauche, que pensera-t-il des hommes qui n'auront existé que pour reculer ses jouissances ?

J'ai l'honneur d'être , &c.

Paris ce 1 Septembre 1779.

P. S. J'avois cru devoir écrire à Londres à M. Bertoni, relativement au plagiat de l'air de bravoure d'Orphée : je reçois à l'instant de lui la réponse suivante. Il n'y a que la réclamation de M. Gluck *en personne* qui puisse en détruire l'effet, & ce n'est plus à ses *défenseurs anonymes* qu'il convient de répondre sur cet incident. Au reste , pour être à l'abri de tout reproche, je suis prêt à déposer l'original de la lettre en question où l'on voudra.

Londres ce 9 Septembre 1779.

Monsieur,

« Je suis très surpris de me voir interpellé par la
» lettre que vous me faites l'honneur de m'écrire ,
» & je désirerois fort n'être point compromis dans
» une querelle musicale , qui , par la chaleur que
» vous y mettez pourroit devenir d'une très-grande
» conséquence, puisque vous m'assurez d'ailleurs que

» le *fanatifme* s'en mêle, ce qui eft une raifon de
» plus pour me fouftraire à fes effets, je vous prie-
» rai donc de me permettre de vous répondre fimple-
» ment que l'air *S'o che dal ciel difcende* a été com-
» pofé par moi à Turin, pour la fignora Girelli, je
» ne me rappelle pas dans quelle année, je ne pour-
» rois pas même vous dire fi je l'ai réellement faite
» pour l'Iphigénie en Tauride, comme vous m'en
» affurez ; je croirois plutôt qu'elle apparrient à mon
» opéra de Tancrede, mais cela n'empêche pas que
» l'air ne foit de moi ; c'eft ce que je puis, c'eft ce
» que je dois certifier avec toute la vérité d'un hom-
» me d'honneur, plein de refpect pour tous les ou-
» vrages des grands-maîtres, mais plein de tendreffe
» pour les fiens ; c'eft avec ces fentimens, & la plus
» parfaite reconnoiffance que je fuis,

MONSIEUR,

Votre très-humble & très-
obéiffant ferviteur,
FERDINANDO BERTONI.

9 782329 667331